Jan Loucka

Zurück in der Diktatur

40 Jahre nach der Flucht aus einem Überwachungsstaat in einem neuen gelandet

novum pro

www.novumverlag.com

Bibliografische Information
der Deutschen Nationalbibliothek:

Die Deutsche Nationalbibliothek
verzeichnet diese Publikation in
der Deutschen Nationalbibliografie.
Detaillierte bibliografische Daten
sind im Internet über
http://www.d-nb.de abrufbar.

Alle Rechte der Verbreitung,
auch durch Film, Funk und Fernsehen,
fotomechanische Wiedergabe,
Tonträger, elektronische Datenträger
und auszugsweisen Nachdruck,
sind vorbehalten.

© 2021 novum Verlag

ISBN 978-3-99107-795-4
Lektorat: Susanne Schilp
Umschlagfoto:
Andre Nery | Dreamstime.com
Umschlaggestaltung, Layout & Satz:
novum Verlag

Gedruckt in der Europäischen Union
auf umweltfreundlichem, chlor- und
säurefrei gebleichtem Papier.

www.novumverlag.com

Unsichtbar wird die Dummheit, wenn sie genügend
große Ausmaße angenommen hat.

Bertolt Brecht

TEIL 1
Lebenslauf

1980
Firma, CZ

„Du hast Äußerungen von dir gegeben, die nicht im Einklang mit unserer sozialistischen Moral sind und nur den imperialistischen Machenschaften dienen. Deine Dienstreise nach Österreich zur Firma Heizkessel KG ist gestrichen. Deinen Dienstpass, deine Schilling-Diäten und die Reiseerlaubnis wirst du in Prag bei der Strojimport-Vertretung zurückgeben."

Das war der Befehl des Direktors meiner Firma.

Ich war als Heizungstechniker angestellt, zuständig für den Einsatz mobiler Heizzentralen im nordböhmischen Land. Die Heizcontainer wurden damals in Österreich hergestellt und in die Tschechoslowakei geliefert.

Nachdem der Direktor und sein Vertreter Österreich hatten besuchen dürfen und mit großzügigen Geschenken heimgekommen waren, sollten jetzt die Techniker dort eine Schulung erhalten, da der Betrieb in Tschechien nicht reibungslos gelaufen war. Diese Schulung war nach diesem Gespräch hinfällig.

So machte ich mich auf den Weg nach Prag, um die Dokumente zurückzugeben. „Welcher Spitzel hat mich verpfiffen? Welche weiteren Folgen wird mein loses Maul für mich haben? Welche Repressalien werden auf mich warten bei meiner Rückkehr?" Das waren meine Gedanken während der Fahrt nach Prag.

Dann aber wurde mir bewusst, dass ich im Besitz gültiger Reisedokumente war, und mein Entschluss wurde immer konkreter: „Ich will nicht mehr zurück. Ich will in einer Demokratie leben und die Freiheiten genießen, die mir bis jetzt verwehrt worden sind!"

Ich fuhr an Prag vorbei Richtung Grenzübergang Wullowitz. An der Grenze gab es keine Probleme, schließlich waren meine

Dokumente in Ordnung. Mit dem Herz in der Hose überquerte ich die Grenze und war endlich in Freiheit.

2009
Firma, A

Ich saß wieder einmal einem Vorgesetzten gegenüber und bekam von ihm wieder einmal einen Befehl (Dienstauftrag). Ich sollte eine Ausbildung zur Reha-Fachkraft machen, trotz meiner 24-jährigen Erfahrung als Pädagoge in der Erwachsenenbildung. Diese Gehirnwäsche war für alle unter 58-jährigen Männer und alle 56-jährigen Frauen verpflichtend (das nennt man Gleichberechtigung). Sie bestand aus mehreren Vorträgen über berufliche Rehabilitation, die alle langgedienten Mitarbeiter schon vorher in diversen Seminaren mehrmals absolviert hatten. Zusätzlich gab es ein Zertifikat für Gendermainstreaming. Wer das bis zu diesem Tag nicht begriffen hatte, hätte es nach dieser Zwangsbeglückung auch nicht verstanden. Aber Vorschrift ist Vorschrift!

Wenn man jedoch das System mit all seinen Schwächen und die Dummheit einiger „Führungskräfte", die nach „Peters Prinzip" befördert worden sind, kennt, dann kann man sich dagegen dementsprechend wehren.

Pensioniert wurde ich „leider" ohne diesen „heißbegehrten" Titel, nur mit meinem – durch Studium erworbenen – akademischen.

Alle anderen Kollegen akzeptierten mit Murren, aber widerstandslos diese Bevormundung.

Was sollte man denn machen?

Bei einigen Diskussionen über die Entstehung des Nationalsozialismus oder anderer totalitärer Systeme äußerten dieselben Kollegen die Meinung, dagegen hätte man etwas tun müssen, man hätte Widerstand leisten sollen.

1952–1958
Kindheit, CZ

Ich wurde am 28. Februar 1952 in einer nordböhmischen Stadt geboren. Meine Eltern hatten unterschiedliche Rhesusfaktoren was damals immer zu Problemen bei der Geburt führte. Ich bekam eine Transfusion und überlebte knapp.

Mein Vater hatte Jus an der Karls-Universität in Prag studiert und arbeitete nach dem 2. Weltkrieg in der Stadtverwaltung. Er verwaltete den Besitz der Deutschen, die hier gelebt hatten – unter ihnen Nazis, die ihre Häuser entweder hatten verlassen müssen oder deportiert worden waren. Er erzählte mir später, wie sich die späteren kommunistischen Führungskräfte bedient und in der Nacht alles gestohlen hatten, was wertvoll und nicht niet- und nagelfest war. Er wurde später auch für diese Diebstähle zur Verantwortung gezogen.

Nach dem kommunistischen Putsch 1948 wurde er als „bourgeoiser Schädling" entlarvt und zur Umerziehung zu manueller Arbeit eingeteilt. Dreher, Lagerarbeiter, Betonierer und Schienenverleger bei der Eisenbahn, das war seine Berufslaufbahn in den 50er-Jahren.

Meine Mutter stammte aus einer Bauernfamilie in Südmähren (Großvater war während des Krieges Bürgermeister eines kleinen Dorfes und hat einigen Menschen das Leben gerettet. Später wurde er enteignet).

Mutter studierte auf Lehramt, war aber im Lehrberuf nicht tätig, sondern arbeitete beim Finanzamt. Sie war eigentlich die starke Person in unserer Familie, bodenständig, mit einer großen Portion Hausverstand.

Meine frühesten Erinnerungen an meine Kindheit beziehen sich auf unsere Einzimmerwohnung ohne Heizung, Wasser und WC auf dem Gang. Ich war sehr erfreut, als mein Vater von der Arbeit im Lager zurückkehrte und ein paar angefaulte Orangen mitbrachte. Sie waren damals eine Seltenheit.

Meine Vorschulzeit absolvierte ich im Kindergarten, geprägt von der stalinistischen Ideologie. Später erfuhr ich von meinen

Eltern, dass meine Äußerungen, die ich aus dem Kindergarten heimgetragen hatte, sie oft auf die Palme brachten. Sie trauten sich aber nicht, etwas dagegen zu sagen, weil Kinder ja alles Mögliche ausplappern würden.

Im Kindergarten fühlte ich mich ein wenig benachteiligt, vielleicht war unsere Herkunft auch daran schuld, denn die Kindergartentanten waren natürlich ideologisch einwandfrei und ich war ein Kind von Feinden der Arbeiterklasse.

1980
In Freiheit, A

In Österreich angekommen mit einer Tasche und 5000 Schilling und kaum Deutschkenntnissen, war ich am Anfang ein wenig verloren. In einem totalitären System kümmert sich der Staat um alles. Er sagt dir, was du tun musst, wo du hingehen sollst und darfst und wie du dich zu verhalten hast.

Mit Hilfe eines Bekannten gelang es mir, bei der Bezirkshauptmannschaft Linz um politisches Asyl zu bitten.

Viele Leute fragten mich später, wie das am Anfang gewesen sei. Ganz allein ohne soziale Kontakte und Hilfe. Es war deprimierend, weil man nichts zu tun hatte und mit großer Unsicherheit nur wartete, ob der Asylantrag positiv beschieden würde. Es war keine angenehme Zeit.

Im Jänner 1981 bekam ich endlich den positiven Bescheid.

Mit diesem ging ich zum Arbeitsamt und erhielt fünf Firmenadressen, um mich dort vorzustellen.

Bei der ersten Firma – einem Industrieofenbau – wurde ich aufgenommen. Ich könne am folgenden Montag anfangen, mein Gehalt betrage 10000 Schilling brutto. Ich solle mir ein Gehaltskonto bei einer Bank einrichten.

1958–1967
Grundschule, CZ

Ich wurde eingeschult und sozialistisch gebildet. Als lebendiges Kind, heute würde man sagen hyperaktiv, hatte ich oft Probleme mit den Lehrkräften. Die Eintragungen in die Mitteilungshefte waren meistens immer dieselben: „Er stört, er kann nicht ruhig sitzen, er tratscht, er passt nicht auf!" Meine Mutter verzweifelte oft und erlaubte den Lehrern, mir eine „Watsche zu schmieren" und bat darum, sie nicht ständig mit Mitteilungen zu bombardieren.

Eine der Ursachen für meine Störaktionen war „die unerträgliche Leichtigkeit des Lernens". Ich hatte und habe bis heute eine schnelle Auffassungsgabe, und mir waren die ständigen Wiederholungen für die, die schwer von Begriff waren, einfach langweilig. Ich fühlte mich nicht ausgelastet. Besonders in der Mathematik konnte ich nicht verstehen, dass das jemand immer noch nicht kapiert hatte. Der Haupttenor bei den Elternabenden war: „Er ist gut, aber wenn er wollte, könnte er viel besser werden." Ich aber dachte mir, solange ich mit Minimaleinsatz nur Einser und ab und zu einen Zweier im Singen oder Malen bekomme, bräuchte ich nicht mehr tun. Es gab wichtigere Sachen, wie Sport und Spiele.

Ich glaube, es war in der 3. Klasse, als wir ein Theaterstück aufführten. „Das böse Atom" hat es geheißen. Ich wusste nicht, warum ich die Hauptrolle bekommen hatte. Ich trug einen schwarzen Mantel mit einem großen aufgenähten A. Alle anderen Kinder fesselten mich zum Schluss und ich durfte zu friedlichen Zwecken ein Rad drehen. Das böse Atom war besiegt. Ein ideologisches Meisterstück!

Mein Vater „durfte" Anfang der 60er-Jahre die Eisenbahn verlassen und wurde zum persönlichen Sekretär eines Direktors der größten chemischen Firma in der Stadt. Der Direktor war ein Arbeiter, ein Kommunist, der der tschechischen Sprache nicht richtig mächtig war und er brauchte jemanden, der seine Korrespondenz und seine Reden auf Vordermann brachte. Mein Vater war in dieser Hinsicht einsame Spitze. Meine Aufsätze brachten ihn oft zur Verzweiflung. „Staubtrocken", war sein Kommentar zu meinen literarischen Ergüssen. Meine Stärken waren halt Mathematik, Logik und Technik.

Die Pflichtschule im Arbeiter- und Bauernstaat dauerte neun Jahre und bestand aus fünf Jahren „Volksschule" (mit nur einer Lehrerin in meinem Fall) und einer „Hauptschule" (je Fach ein Lehrer oder eine Lehrerin). Ich inhalierte alle ideologischen Vorgaben und präsentierte sie auch ganz stolz daheim.

Ein Slogan aus damaliger Zeit war: „Wir werden dem Wind und Regen befehlen!"

Auch heute will man einem Virus Befehle erteilen und ihm die Grenzen zeigen!

Damals verstand ich nicht, warum mein Vater nach meinen Äußerungen oft mit rotem Schädel das Zimmer fluchtartig verließ.

Endlich bekamen wir in der 6. Klasse auch Männer als Lehrer. Unser Turnlehrer imponierte mir besonders. Nun konnte ich mein Temperament bei Sportveranstaltungen ausleben, und die Schule lief einfach nebenbei mit Minimalanstrengung. Solange ich nur Einser und Zweier heimbrachte, waren meine Eltern zufrieden.

Nachträglich betrachtet, wurde schon in der 9. Klasse (1967) eine andere Stimmung in der Gesellschaft spürbar. Es gab Informationen, die nicht im Einklang mit der offiziellen Linie der kommunistischen Partei waren und mein „ideologischer Panzer" bekam die ersten Risse. Die Diskussionen wurden immer offener, das Jahr 1968 stand in den Startlöchern.

1981–1985
Erster Arbeitsplatz in Österreich, A

Mein erster Arbeitstag in der neuen Firma war aufregend. Ich bekam in einem Konstruktionsbüro ein eigenes Zeichenbrett, dazu Schreibtisch und Sessel. Mir wurde bewusst, dass mich alle wie etwas Exotisches beobachteten. Es waren auch andere Ausländer dort beschäftigt (ein Niederländer und ein Engländer), aber ich war der erste Ostblockbürger und noch dazu ein Flüchtling. Etwas später fing ein weiterer tschechischer Flüchtling aus Pilsen in der Werkstätte an.

Mittlerweile war ich von einem tschechischen Gericht in Abwesenheit zu drei Jahren unbedingter Haft verurteilt worden. Als schwerwiegend in der Begründung galt die Tatsache, dass ich durch meine Flucht den tschechischen Staat geschädigt hatte. Ich galt angeblich als Experte, von denen es nur wenige gab. Der andere Kollege aus Pilsen bekam ein Jahr. Er war „nur" ein Dreher.

In der Firma fühlte ich mich wohl, meine schon erwähnte „unerträgliche Leichtigkeit des Lernens" ermöglichte mir, schnell Fuß zu fassen, und mein Deutsch wurde immer besser. Nicht nur deshalb, weil meine Freundin (später meine Frau), die ich im Volleyballverein kennengelernt hatte, mich geduldig korrigierte.

Mein erster Vorgesetzter in Österreich – von uns der „Weiße Hai" genannt, denn er trug bei der Arbeit immer einen weißen Mantel –, war der einzige Chef in meiner Laufbahn, der sowohl die fachliche als auch die menschliche Kompetenz zu 100 Prozent besaß.

Er bleibt bis heute für mich in Erinnerung als Mensch erster Güte.

1983 heiratete ich meine Freundin und ersuchte um die österreichische Staatsbürgerschaft. In Oktober 1984 war es so weit, und ich bekam einen österreichischen Pass. Mein akademischer Titel wurde an der TU Wien anerkannt. Das kostete „nur" 6000 Schilling an Stempelmarken.

Die Arbeit in der Firma wurde bis auf ein paar Ausnahmen monoton, da es sich meistens nur um kleine Korrekturen standardisierter Anlagen handelte. Es wurde für mich immer langweiliger, und ich suchte nach einer neuen Herausforderung. Meine Frau wurde schwanger, und das Geld war ein wenig knapp.

1967–1970
Gymnasium, CZ

Nach dem Abschluss der Grundschule bewarb ich mich um Aufnahme im Oberstufengymnasium. Die Aufnahmeprüfung bestand ich ohne Probleme, und ich wurde dem naturwissenschaftlichen Zweig mit Fremdsprache Französisch Klasse 1.B zugeteilt. Eigentlich wollten fast alle in meiner Klasse eine andere Sprache lernen, aber es wurde halt so entschieden. Die Klasse 1.A (naturwissenschaftlich + Fremdsprache Deutsch) und die 1.C (humanistisch + Englisch) waren geplant. Unsere Klasse wurde einfach zusammengewürfelt aus Restbeständen, die nicht zu den anderen beiden Kombinationen passten. Lustigerweise bekamen wir später von den Lehrkräften das Lob, dass unsere Klasse die beste seit Jahren gewesen war.

Und dann kam das Frühjahr 1968.

Für mich war es ein Bruch mit allem, was vorher gewesen war. Alles, was ich in der Vergangenheit ideologisch eingetrichtert bekommen hatte, stellte sich als eine große Lüge heraus. Es war etwa so, als ob man einem christlichen Menschen seinen Gott klaut. Mein heutiges Misstrauen gegenüber der Politik und den Medien entstand sicher aus dieser Erfahrung und den folgenden nach dem 21. August 1968.

Meine Eltern trauten sich wieder, mit mir offen über gewisse Themen zu reden, und in der Schule wehte ein frischer Wind. Die Leute auf der Straße lächelten und waren freundlich, die Arbeit und die Schule machten Spaß.

Man sah Filme und Reportagen, die früher verboten gewesen waren, und die Geschichte mit neuen Fakten und Informationen wurde zum aufregendsten Lesestoff. Die Freiheit schien grenzenlos zu sein.

Doch dann kam der 21. August 1968. Die Armeen des Warschauer Pakts marschierten in die Tschechoslowakei ein, um diesen „Sozialismus mit menschlichem Antlitz" zu beenden.

Ich kann mich erinnern, dass ich ein paar Tage später in der Stadt auf dem Gehsteig ging, als mir plötzlich ein Panzer auf der

Straße entgegendonnerte. Oben saß ein Soldat – vermutlich mongolischer Abstammung –, kaum älter als ich, eine Kalaschnikov in der Hand, auf mich gerichtet. Ich machte keinen Muckser, stand still, das Herz in der Hose. Als der Panzer vorbeigefahren war, fühlte ich mich wie neugeboren.

Die Proteste der Bevölkerung gegen diesen Einmarsch, besonders von uns Jungen, wurden mit der Zeit von der Realität eingeholt.

Ich engagierte mich stark beim Studentenstreik 1969, aber es nützte nichts. Die Rückkehr in die Diktatur war eingeleitet.

Unser Lehrkörper wurde mehrmals vom Staatssicherheitsapparat vorgeladen. Die ständige Frage war, wer den Streik organisiert hatte. Unser Direktor, etwa 1,50 Meter groß, gab keine Namen preis. Nachträglich bekam er von uns den Namen „Little Big Man". Er und fast der ganze Lehrkörper wurden nach unserer Matura aus der Schule entfernt.

Ich meldete mich für die Jus-Aufnahmeprüfung an der Karls-Universität in Prag an (bis heute weiß ich nicht, warum). Die Aufnahmebedingungen bestanden aus einem Punktesystem. Es gab für Herkunft, Wohnort, politische Funktionen in der sozialistischen Jugend und ähnliche soziale Kriterien circa 200 Punkte. Für die Kenntnisse gab es ebenfalls 200 Punkte. Damit war für mich klar, dass meine Chancen bei maximal 200 Punkten lagen. Also machte ich mit meinen zwei Schulkollegen einen „Gaudiausflug" nach Prag mit anschließendem Bier im Gasthaus U Fleku.

Interessanterweise bekam ich lange Zeit keinen negativen Bescheid aus Prag. „Die werden mich doch nicht aufnehmen wollen, bei dem Blödsinn, den ich dort abgeliefert habe!", dachte ich. Dann klärte sich alles auf. Gleich am nächsten Tag hatte die Uni eine Absage geschickt. Die war allerdings bei der Post liegen geblieben.

Anschließend nahm ich meine zweite Option, Studium an einer Maschinenbau-Uni in Nordböhmen, wahr.

Den Aufnahmetest in Mathematik erledigte ich in zehn Minuten, und nachdem unsere Aufsicht wahrscheinlich rauchen gegangen war, ließ ich meine Ergebnisse kreisen. Wir wurden alle aufgenommen.

Möglicherweise aber auch deshalb, weil das Interesse an technischen Studien nicht überwältigend war und die Uni die Studienplätze füllen wollte. Die Erfahrungen zeigten, dass die „Sterberate" bei 75 Prozent lag. Das heißt, jeder Vierte schaffte es bis zu Abschluss. In meinem Jahrgang stimmte das genau.

1985–1990
Anfang als Lehrer, A

Mein neuer Job in einer Firma, die sich mit beruflicher Rehabilitation für Menschen mit Behinderung auseinandersetzt, war sehr aufregend.

Es war eine Neuheit, österreichweit. 3D-CAD (Computer Aided Design, deutsch: Computerunterstützte Konstruktion) war ein vom Sozialministerium finanziertes Projekt und außer an der TU Wien und der Firma Zumtobel in Österreich Fremdland.

Ich fuhr mit drei Kollegen nach München zu einer Firma, um zwei jeweils einwöchige Schulungen in die 3D-Software Euclid zu absolvieren.

Und wieder halfen mir die „unerträgliche Leichtigkeit des Lernens" und meine 100-prozentige Raumvorstellung, die bei einem IQ-Aufnahmetest festgestellt worden war, die Neuheit schnell aufzunehmen. Während meine Kollegen bis Mitternacht versuchten, die Aufgaben zu lösen, fuhr ich schon am Nachmittag nach Schwabing zum Oktoberfest.

In meiner Firma war leider die Hardware noch nicht angekommen, und so musste ich einen Monat lang nur theoretisch aus Skripten lernen. Der Umstieg von einer Privatfirma in eine Firma, die aus öffentlichen Mitteln finanziert wurde, war für mich und auch für einen Freund, der einen Monat später auch aus dem privaten Sektor gekommen war, etwas fast Schockierendes.

Die Lockerheit einiger Kollegen, die Arbeitsauffassung und die Selbstverständlichkeit des süßen Nichtstuns erinnerten mich an die Arbeitseinstellung im Arbeiter- und Bauernstaat. Aber wenn man die Leistung zurückschrauben kann für das gleiche Geld, wehrt man sich nicht.

Die Arbeit machte mir wirklich viel Spaß. Ich weiß nicht, wie das in der Produktion von Gütern ist, aber zuzusehen, wie Menschen sich während zwei Jahren weiterentwickeln, durch neu erworbenes Wissen selbstsicherer werden und einen gewünschten neuen Job bekommen, machte auch mich glücklich. Es sind die Momente, für die sich das Arbeiten lohnt. „Always look on the bright side of life!" Auch das Niveau der Maschinenbauausbildung war in dieser Zeit relativ hoch, und ich hatte oft Anfragen von Firmen, ob schon jemand mit der Ausbildung fertig sei und bei ihnen anfangen wolle.

Wenn es während der Ausbildung Problemfälle gab, wurden die Pädagogen zu den Gesprächen mit den Kostenträgern herangezogen, um die Fragen der Sinnhaftigkeit der Ausbildung zu beurteilen. Schließlich kostete sie eine Menge Geld.

Mein Kollege pflegte zu sagen: „In ein Halbliterglas kannst du nicht einen Liter einfüllen!"

Privat:
1985 wurde unsere Tochter geboren, und 1990 folgte der Sohn.

Nach Erhalt der österreichischen Staatsbürgerschaft 1984 kam das österreichische Bundesheer auf die Idee, dass ich in Österreich noch einmal dienen sollte. 1985 bekam ich den Einberufungsbefehl. Niemand glaubte mir, dass ich schon ein Jahr in so einem stupiden Verein gedient hatte. So wählte ich als geringeres Übel den Zivildienst. Bei der Gewissensprüfung kam die übliche Frage mit der bedrohten Großmutter, die ich richtig beantwortete. Somit hatte ich die Erlaubnis, Zivildienst statt Wehrdienst zu leisten.

Als ich 35 Jahre alt geworden war, war der Spuk zum Glück vorbei.

1970–1975
Studium an der Uni, CZ

Die Art des Lernens auf der Uni war grundlegend anders als im Gymnasium. Du bekamst einen Plan für die Vorlesungen und Seminare und sonst keine Betreuung, keine Zwischentests, keine Hausübungen, und es gab auch keine Elternabende. Du konntest machen, was du wolltest. Es gab nur eine Bedingung: Am Ende des Studienjahres (Ende September) musstest du deine Prüfungen (meistens zehn Stück) im Studienbuch eingetragen haben. Das war für mich die Freiheit pur. Ich stürzte mich in das süße Leben, ließ kein Fest, keine Party und kein Musikkonzert aus. Die Mädchen kamen auch nicht zu kurz.

Das Studium lief nebenbei. Plötzlich wurde mir die Zeit ein bisschen knapp. Ich bekam Prüfungsstress und schaffte mit Mühe mein erstes Jahr. Mit der Zeit lernte ich, mit Minimalaufwand das Soll zu erfüllen.

Mein Budget besserte ich mir als Statist im Theater (angeblich spielte hier Maxi Böhm) auf. 50 Kronen pro Vorstellung (Bier im Gasthaus um die zwei Kronen) war guter Lohn für zwei Stunden Arbeit. Besonders Figaros Hochzeit von Beaumarchais war sehr erfolgreich und brachte es auf fast 100 Vorstellungen. Die Premierenversion wurde von der Zensur ein wenig zurückgestutzt, da Worte wie „Redefreiheit" und „Denkfreiheit" im Arbeiterparadies zu gefährlich waren. Die Vorstellungen waren immer ausverkauft. Meine Rolle war die des Lakais.

An der Uni kehrte wieder die „unerträgliche Leichtigkeit des Lernens" ein.

Ich erinnere mich an eine Wette. Wir hatten im 5. und 6. Semester Mathematik-Vorlesungen (Wahrscheinlichkeitsrechnung, Kombinatorik, Statistik und Mengenlehre) mit anschließender Prüfung. Die Vorlesungen waren sehr früh am Morgen, und ich schaffte es nach den Theateraufführungen mit anschließenden Feiern nicht aus dem Bett. Mein Freund lernte schon zwei Monate für die Prüfung. Zwei Tage vor der Prüfung meinte ich: „Ich versuche es vielleicht." Mein Freund bot mir eine Wette an:

„Ich wette um eine Flasche Whiskey, dass du das nicht schaffst." Ich nahm an.

Zwei Tage lang ackerte ich von der Früh bis am Abend die Bücher durch. Nach der Prüfung kam ich mit einem Dreier heim. Mein Freund schaffe es nicht. Er redete lang nicht mit mir.

Am meisten in Erinnerung blieb mir ein sehr geschätzter Professor.

Seine Botschaft lautete: „80 Prozent von dem, was sie auf dieser Uni lernen, ist Mist, aber wenn sie die restlichen 20 Prozent kapieren, dann hat sich das Studium gelohnt. Probleme analysieren, die Einzelteile wie Puzzlesteine zusammenlegen, das ist der Sinn der Ausbildung. Sinnlose Werte, Zahlen und Formeln findet man in jedem Buch!"

Dieser Professor wurde von der Uni entfernt. Die Verpolitisierung wurde immer sichtbarer und auch der Ton in den Medien rauer. Besonders „Rude Pravo" (Rotes Recht) war darin führend.

Ein Witz kursierte in der Bevölkerung:

Treffen sich zwei Frauen und die eine sagt: „Mein Mann hat Probleme mit der Erektion."

Die zweite sagt: „Wickeln sie sein Ding in Rude Pravo. Dort steht alles!"

Während des Studiums absolvierte ich eine Militärausbildung zum Flugzeugtechniker, die für Studiumabsolventen den Militärdienst von 24 auf 12 Monate verkürzte.

Im Juni 1975 leistete ich bei der Verleihung des Diploms auf den Stab des Rektors irgendeinen Eid.

1990–2000
Neuer Wind in der Firma, A

Die Problematik der zweifellos großartigen Idee „Rehabilitation statt Pension" war die Art der Finanzierung, die Verpolitisierung und menschliche Schwächen der Verantwortlichen. Wenn sich die Finanzierung nur auf das Taggeld pro Teilnehmer beschränkt und nicht das Grundsatzbekenntnis zur Rehabilitation als fix finanzierte Institution gegeben ist, dann liegt logischerweise das Hauptinteresse der Geschäftsführung darin, möglichst viele Köpfe zu haben, um viel Profit zu machen. So wurde die Bude vollgestopft mit „Halbliterglas"-Köpfen, und die Firma wurde langsam zur Aufbewahrungsanstalt.

Ich kann mich an die Aussagen der Arbeitsamt-Betreuer erinnern: „Bitte behalten Sie den, ich weiß nicht, was ich mit ihm sonst machen soll!"

Somit sank das Niveau, und die Firmen riefen nicht mehr an.

Manche nahmen nach schlechten Erfahrungen trotz staatlicher Förderungen keine behinderten Umgeschulten auf.

Auch die Belegschaft wuchs, oft wurden Leute mit zweifelhaften Qualifikationen, aber einwandfreiem politischen Hintergrund aufgenommen – wie sich doch die Dinge gleichen. Einige machten eine erstaunliche Karriere, besonders einige Frauen (natürlich gut gebaut) brachten es zu etwas.

Ein langjähriger Kollege antwortete auf die Frage, warum er den Posten nicht bekommen hatte: „Weil ich nicht so gut bl... kann!"

Herr Dönmez wurde aus der Politik entfernt wegen seiner Aussage „Schau dir ihre Knie an!" Ähnliche Redewendungen waren auch in unserer Firma gang und gäbe.

Dann kam die Zeit der sogenannten Qualitätssicherung. Die meisten wussten zwar nicht, von welcher Qualität die Rede war, aber unser Boss klärte uns auf: „Man kann auch Mist zertifizieren, aber dann muss man den gleichen Mist gewährleisten!" So waren wir damals als erster und einziger Ausbildungsbetrieb zertifiziert nach ISO 9000 oder 9001 bis 9004.

Angeblich kostete der Spaß einige hunderttausende Schilling.

Bei den regelmäßigen Audits traf ich nie jemanden, der mich irgendwann überprüft hätte. Üblicherweise wurden die Prüfer in der hauseigenen Küche großartig bewirtet und der Audit somit unter Dach und Fach gebracht.

In dieser Zeit brach der Ostblock zusammen und Vaclav Havel begnadigte alle, die nach dem Paragraf xy wegen Fahnenflucht verurteilt worden waren. Somit durfte auch ich wieder in meine Heimat reisen. Aufgrund meiner Sprachkenntnisse wurde ich mehrmals vom Sozialministerium als Vortragender und Dolmetscher bei tschechischen und slowakischen Arbeitsämtern engagiert. Auch meine Firma nutzte meine Sprachkenntnisse und teilte mich als Begleiter bei Besuchen tschechischer Delegationen ein. Bis ich darauf bestand, dass ich für die Betreuung nach 19 Uhr nach dem Gesetz Anspruch auf Zeitausgleich 1 : 1,5 hätte. Damit war meine Tätigkeit als Dolmetscher, Vortragender und Begleiter beendet. Ab diesem Zeitpunkt leistete sich die Firma bezahlte Dolmetscher.

Ich hatte zwar im technischen Bereich die höchste Ausbildung von allen, blieb aber bis zur Pensionierung nur als einfacher Lehrer tätig. Sehr wahrscheinlich, weil ich wieder mein loses Maul nicht halten konnte und in der Disziplin „Hinternkriechen" nicht begabt war.

1975–1976
Erster Job nach der Uni und Militär, CZ

Kurz nach dem Uniabschluss bewarb ich mich bei der großen chemischen Firma, in der mein Vater arbeitete. Interessanter Anfang war, dass alle neuen Mitarbeiter einen IQ-Test absolvieren sollten. Sie wollten offensichtlich keine Katze im Sack kaufen.

Mit circa 15 Personen absolvierte ich einen vierstündigen Test. Der Test bestand aus mehreren Teilen mit kurzen Pausen dazwischen. Die Aufgaben waren: fehlende Wörter einsetzen, falsche Wörter streichen, mathematische Reihen fortsetzen, Formen erkennen usw.

Ich hatte zwar an die 60 Prüfungen an der Uni abgelegt, aber noch nie war ich so erschöpft gewesen wie nach diesem Test.

Eine Tage später wurde ich von der Firmenpsychologin zum Gespräch eingeladen. Sie teilte mir mit, dass mein IQ-Wert bei 127 liege.

Weiters sagte sie mir, dass ich beim Teil „Raumvorstellung" 100 Prozent erreicht hatte und bei einem anderen Teil, in dem die Konzentration auf monotone Tätigkeiten getestet wurde, zwar nach dem ersten Anlauf 100 Prozent erreicht hatte, dann aber stark zurückgefallen war. Nach ihrer Meinung war ich für sich wiederholende Arbeiten weniger geeignet, ich sollte einen Beruf wählen, in dem meine Raumvorstellung zur Geltung käme. Das bestätigte sich auch später.

Der Staat hatte sich bei mir gemeldet. Ich sollte am 1. September 1975 in Brünn einrücken, um eine vierwöchige Grundausbildung zu beginnen. Dort traf ich die meisten meiner Studienkollegen wieder. Meine antimilitärische Haltung verstärkte sich hier. Die Stupidität machtgeiler Befehlshaber war kaum zu ertragen. Ich hatte schon in meinen Papieren aus der Uni den Vermerk „Darf nicht zum Offizier befördert werden!" Bis heute weiß ich nicht, ob wegen meines losen Mauls oder meiner Herkunft oder auch wegen meiner antimilitärischen Haltung.

Nach vier Wochen wurde ich überstellt zur Flugwache nach Südböhmen.

Ich bekam eine MIG 21 zur Betreuung. Die Tage begannen mit der Morgengymnastik, dann gab's Frühstück und dann die Arbeit.

„Meine" MIG 21 der Staffel B stand in einem unterirdischen Hangar (Erfahrungen aus dem Sechstagekrieg). Meine Wartungsarbeiten beziehungsweise Flugvorbereitungen waren die Hauptbeschäftigung für ein Jahr. Einmal in der Woche wurden wir politisch geschult.

Eine Perle aus diesen Schulungen:

Ein Major erzählt den dummen Soldaten: „Wasser kocht bei 100 Grad."

Ein schlauer Soldat: „Aber, Herr Major, Wasser kann bei anderem Luftdruck auch bei 90 Grad kochen."

Der Major schaut in sein schlaues Buch und sagt: „Blödsinn, 90 Grad ist der rechte Winkel!"

Ich durfte zwar die Arbeit des Technikers ausüben, aber das dazugehörige Entgelt kassierte ein Stabsmajor. Drei Monate vor der Entlassung legten alle meine Studienkollegen die Offiziersprüfung ab und durften als Leutnant die Kaserne jederzeit verlassen.

Ich musste immer um eine Genehmigung ersuchen, die dann hin und wieder in mein Soldatenbuch eingetragen wurde oder auch nicht. Ich hatte aber eine Geheimwaffe entdeckt. Es gab ein Gesetz bei der Luftwaffe. Ein Flugzeug durfte ohne seinen Techniker nicht starten. Nachdem mir ein Vorgesetzter einen Wochenendurlaub verweigert hatte, ging ich in die Krankenstation, und ein Freund, ein Doktor der Medizin, schrieb mich krank. Sofort tauchte der Vorgesetzte auf und wollte wissen, wie lang ich ausfallen würde. Der Doktor sagte, es könnte 14 Tage dauern. Er schrie: „Das ist unmöglich! Wir brauchen dein Flugzeug, es sind einige Flugzeuge in Revision, deines hat noch 50 Stunden, und die Piloten brauchen Flugstunden."

Ich antwortete, dass es vielleicht schneller ginge, wenn ich Urlaub bekommen würde. Sofort war der Urlaub genehmigt. Bis zum Schluss gab es keine Probleme bei Ausgang oder Urlaub mehr.

Als ich im August 1976 dieses „Gefängnis" verlassen durfte, fühlte ich mich wieder halbwegs frei.

2000–2007
Firma, A

Die Arbeit machte keine besondere Freude mehr. Die Stellung der Lehrer verschlechterte sich zunehmend. Wegen ein paar Einzelfällen im Kollegenkreis wurde für alle Lehrer ein Überwachungssystem für Unterrichtsstunden eingeführt. Man traute sich nicht, die schwarzen Schafe zu nennen und zu sanktionieren, daher wurden alle schuldig gesprochen und kontrolliert. Die Führung installierte eine eigene Abteilung, die jedem Lehrer eine Stundenaufstellung im jeweiligen Monat per Hauspost zuschickte. Ich wurde wieder überwacht und das natürlich nur zu meinem Besten.

Irgendwann in dieser Zeit wurde ich für einen Tag in der Woche, ich glaube Mittwoch, „strafversetzt" in die Abtestung. Das war eine Abteilung, die die Kenntnisse oder den Stand der Bildung der potentiellen Schulungsteilnehmer feststellen sollte. Mir wurde befohlen, vormittags den Mathematik-Test zu überwachen und am Nachmittag auszuwerten. Der Test sollte ungefähr den Hauptschulstoff abdecken. Er bestand aus Grundrechnungsarten, Schlussrechnung, Prozentrechnungen, einfachen Gleichungen, Textaufgaben, Flächen- und Volumenberechnungen und Ähnlichem. Er dauerte vier Stunden.

Von 8 bis 12 Uhr saß ich in einer Klasse und passte auf, dass niemand abschreiben konnte, und am Nachmittag verteilte ich die Punkte.

Das war wirklich eine Herausforderung für einen Diplomingenieur für Maschinenbau! Es war für mich erschreckend, als einige Teilnehmer bei der Multiplikation zweistelliger Zahlen aufgegeben hatten.

Damals wurde mir die Dummheit und Ignoranz einiger „Quasselpolitiker", die großartig Phrasen über Bildungsoffensive dreschen, bewusst.

Aber vielleicht wissen die, wie man in ein Achtelglas einen Liter einfüllt.

Nach einem Monat bekam ich einen Termin beim Direktor, der mich endlich aus dem „Straflager" befreite.

Unsere Befehlshaber hatten eine Liebe für Mediatoren entdeckt.

Wir wurden überschüttet mit Angeboten an diversen „Psychoterrorseminaren".

An ein Zwangsseminar kann ich mich gut erinnern. „Wie wollen wir im Jahr 2000 besser zusammenarbeiten?" war der Titel dieser Veranstaltung.

Mit 14 anderen Kollegen aus verschiedenen Abteilungen trafen wir uns am Veranstaltungsort. Zwei deutsche Mediatoren machten auf dem Flipchart einen senkrechten Strich. Links sollten all jene ihren Punkt kleben, die zwangsbeglückt hier waren und rechts, die sich freiwillig gemeldet hatten. Das Ergebnis war: 14 Punkte links und ein Punkt auf der Linie.

Der Mediator kommentierte das Ergebnis mit „Aha!" Mittags wollte er dann das Seminar wegen Sinnlosigkeit abbrechen, seine Kollegin überredete ihn jedoch, bis 16 Uhr weiterzumachen. Sein Bericht an die Geschäftsführung: „Ich habe noch nie so eine unmotivierte Gruppe gehabt!"

Aber es gab keine Reaktion darauf.

Fachseminare und Vorträge wurden nicht genehmigt mit der Begründung, dass sie zu teuer seien. Die Mediatoren arbeiteten schließlich für ein Butterbrot!

Eine Perle aus dieser Zeit:

Einmal in zwei Jahren fand in Wien die einzige Fachmesse im Bereich Maschinenbau, die Intertool, später Viennatec–Messe, statt. Wir Maschinenbaulehrer stellten den Antrag auf eine Dienstreise nach Wien.

Die Antwort unseres genialen Chefs war: „Einer soll hinfahren und den anderen alles erzählen."

Mein Frust wurde immer größer, sodass ich einen mir bekannten Schulinspektor fragte, ob in der Höheren Technischen Lehranstalt ein Lehrerposten frei wäre. Die Möglichkeit war vorhanden, aber die Anrechnung von Dienstzeiten war minimal und wäre für mich ein finanzieller Rückschritt gewesen.

1976–1978
In einer Glasfabrik, CZ

Nach dem Militärdienst kündigte ich meinen Konstruktionsjob in der chemischen Firma und fing in einer Glasfabrik als Techniker an.

Grün hinter den Ohren, ohne jede praktische Erfahrung, schoss ich meinen ersten Bock. Ich sollte eine Luftzuleitung für eine Bierflaschen-Industriemaschine konstruieren. Die Leitung bestand aus blechgewickelten Teilen wie Bögen, Abzweigungen und am Ende aus einer Dreier-Hose (ein Rohr verzweigte sich in drei kleinere). Ich konstruierte am Zeichenbrett und fertigte Schablonen für Blechzuschnitte an. Dann übergab ich die Zuschnitte der Werkstätte, ohne die Zuschnitte vorher probeweise zusammengeklebt zu haben.

Ich war mir sicher gewesen.

Drei Tage später bekam ich einen Anruf aus der Werkstätte. Ich sollte mir mein Werk anschauen. Bei der Hose fehlte ungefähr ein Zentimeter bei den Schweißstellen.

Es war wirklich zum Wegschmeißen. Kein angenehmes Gefühl!

In dieser Fabrik arbeiteten einige „Zigeuner". Ihre finanzielle Situation war abhängig von der Kinderbeihilfe. Sie hatten meistens eine Menge Kinder. Nach damaligem Gesetz hatten sie erst nach einer gewissen Anzahl von Arbeitsstunden pro Monat Anspruch auf Kinderbeihilfe. Das entsprach in der Fabrik 15 Schichten. Ein Meister, der die Schichten einteilte, erzählte mir einmal: „Das ist nicht so einfach! Wenn sie 15 Schichten beisammen haben, dann kommen sie nicht mehr. Heute zum Beispiel kann ich Imre nicht einplanen. Er hat schon 15. Ich muss Lajos nehmen, denn der hat erst 13."

In Erinnerung geblieben ist mir mein erstes und einziges Zugunglück.

Ich fuhr mit meinem Kollegen im Zug nach Bratislava (Pressburg) zur INCHEBA-Messe.

Bei der Einfahrt in den Bahnhof Bratislava versagten die Bremsen, und der Zug donnerte mit circa 100 Stundenkilometern in den Bahnhof. Wir spürten, dass wir außerhalb der Schienen waren und unser Waggon rumpelte über die Schwellen. Dann kam er zum Stillstand. Wir im siebten Waggon waren glimpflich davongekommen, aber beide Lokführer waren tot und im ersten Waggon gab es 25 Verletzte.

Beim Aussteigen lag unweit ein abgerissener Fuß eines der Lokführer.

Ein Glas Schnaps hat uns wieder aufgerichtet!

Nach erfolglosen Versuchen, mein am Anfang vereinbartes Gehalt bei meinem Chef einzufordern, kündigte ich in der Glasfabrik.

2007
Kanada

Der Bruder der Großmutter meiner Frau, Johann Smetschka (klingt tschechisch, bedeutet Rudel), war 1928 nach Kanada ausgewandert.

2007 feierte seine Frau ihren 100. Geburtstag (er war mittlerweile verstorben).

Wir hatten beschlossen, sie zu besuchen und auch eine sechswöchige Rundreise zu unternehmen. Flüge von München nach Vancouver und von Vancouver nach Frankfurt wurden gebucht und auch ein Wohnmobil bei Alldrive Langley.

Die Anreise verlief problemlos. Am Flughafen in Vancouver wurden wir schon von ihrem Sohn und seiner Frau erwartet und in Fort Langley für ein paar Tage untergebracht, bewirtet und in die Umgebung geführt. Wir besuchten auch die 100-Jährige.

Dann begann unsere Rundreise durch British Columbia, Yukon und Alaska. Es war ein überwältigendes Erlebnis. Noch nie hatten wir so ein riesiges Land besucht, noch nie solche Weiten gesehen. Noch nie hatten wir so ein Gefühl der Kleinheit unseres Daseins in Österreich oder Tschechien im Vergleich zu diesem weiten Land empfunden. In einigen Gesprächen mit Kanadiern stellten wir fest, dass sie mit Österreich nur Schwarzenegger (er war damals Gouverneur von Kalifornien) und ab und zu Thomas Muster in Verbindung brachten. Kein Schifahrer, auf die die Österreicher so stolz sind, war jemandem ein Begriff. Es war schon Glück, wenn sie Austria nicht mit Australia verwechselten.

Dabei ist Österreich doch eindeutig der Nabel der Welt!!!!

Die Größe Kanadas ist auch ein Grund für die Freundlichkeit und Hilfsbereitschaft der Menschen dort. Sie haben keinen Stress.

Ein Erlebnis aus Dawson Creek. Ich war beim Fotografieren eines hübschen Holzhotels. Von rechts kam ein Auto, blieb stehen und wartete, bis ich mit meiner Aufnahme fertig war.

Es gibt in Kanada und auch in den USA sogenannte Fourways-Kreuzungen. Wer als Erster kommt, fährt zuerst und dann geht es in der Reihenfolge des Ankommens weiter.

Wir sind in Haines, Alaska, als Dritte angekommen und wurden vorgelassen. So etwas ist mir in Österreich oder in Tschechien nie passiert.

1978–1980
Letzter Job in Tschechien

Ich wechselte in eine Organisation, deren Aufgabe die Planung und Finanzierung des Wohnungsbaus war. Meine Arbeit bestand in der Koordination und dem Einsatz sogenannter mobiler Heizzentralen.

In Tschechien war damals die Wohnungsnot eklatant.

Die Wohnsiedlungen waren üblicherweise früher fertig als die Heizungsanlagen, also brauchte man für einige Zeit eine Ersatzheizung. Unsere Organisation war Besitzer und Verleiher dieser mobilen Zentralen, ohne Einfluss auf den Betrieb. Sie wurden den Wartungsfirmen der zukünftigen Heizanlagen einfach hingestellt, angeschlossen und dem eigenen Schicksal überlassen. Sie wurden mit schwefelhaltigem Schweröl betrieben.

Besonders die bei der Verbrennung entstandenen Schwefeloxide verursachten enorme Umweltschäden. Sie bildeten mit Luftfeuchtigkeit Schwefelsäure, die auch der Grund für den sauren Regen in dieser Region war.

Die Schwefelsäure hatte den 30 Meter hohen Stahlkamin der Zentrale so zerfressen, dass er einstürzte. Nur durch ein Wunder gab es keine Toten.

Es gab auch einige Pannen im Betrieb. Es fehlte an Fachpersonal und Ersatzteilen. Besonders im Winter waren die Störungen Anlass wütender Proteste der frierenden Bewohner.

Nach zwei Jahren Chaos wurde beschlossen, dass zwei Techniker eine Schulung in Österreich erhalten sollten.

Eine weitere glorreiche Idee wurde in dieser Zeit geboren. Es entstand eine Siedlung, in der man alle „Zigeuner" unterbrachte, um sie von der Restbevölkerung fernzuhalten. Diese Siedlung wurde in kurzer Zeit verwüstet. Was nicht niet- und nagelfest war, wurde demontiert und verkauft. Sogar die Polizei fürchtete das Betreten der Siedlung, auch bei Tageslicht.

Auch heute beschließt „man", Teile des Landes von der Restbevölkerung zu isolieren, um sie vor Gefahren zu schützen!!??

2007–2014
Altersteilzeit bis zur Pension

Ich nahm die Option Altersteilzeit im Jahr 2008 wahr.

Unsere ausbezahlten Lebensversicherungen hatten wir bei einer Bank als Staatsanleihen angelegt. Nach einem Jahr kündigte die Bank unsere Anleihen, da sie sich die Zinsen nicht mehr leisten konnte.

Wir beschlossen, ein Haus auf dem Land zu bauen. In Kanada hatten wir mehrmals Loghäuser bewundert. Ich informierte mich im Internet.

Wir fanden einen Zimmermann in Tschechien, der nach zweijähriger Praxis in Colorado eine eigene Firma gegründet hatte. Wir wurden uns bald einig und gaben uns die Hand.

In Mai 2009 begannen die Bauarbeiten.

Durch meine Altersteilzeit hatte ich mehr Zeit, mich um die Baustelle zu kümmern.

2011 zogen wir in unser neues Heim ein und leben seither auf dem Land.

2014 durfte ich – mit Abschlägen – in die sogenannte Korridorpension gehen.

TEIL 2
Nachbetrachtung

Grundsätzlich entwickelt sich Diktatur aus einer Demokratie in kleinen Schritten. Sie braucht, um sich zu entfalten, eine Gefahr für das Volk oder eine gewisse Unzufriedenheit des Volkes mit dem Status quo oder auch beides. Weiters braucht man einen Führer, eine führende Partei oder einen „Messias".

Die Gefahren, die das Volk bedrohen, kennen wir aus der Geschichte.

Zu Zeiten der Weimarer Republik war es die „Verknechtung durch Weltjudentum", im kommunistischen System „die bösen Imperialisten, die an der Grenze lauern", in den sogenannten westlichen Demokratien die Terroristen und das „tödliche SARS-CoV-2- Virus", vor denen man das Volk mit allen Mitteln beschützen muss.

Das erfordert immer besondere Maßnahmen. So werden scheibchenweise die Grundrechte – natürlich immer zum Schutz des Volkes – abgeschafft.

Wer sich dagegen wehrt, wird zu einem Volksschädling, Feind der Arbeiterklasse, zu einem Rassisten oder „Coronaleugner", wie es heute so schön heißt.

Alle Regimes bedienen sich immer der gleichen Ressourcen.

Als erste Waffe fahren gekaufte oder eingeschüchterte Medien große Geschütze auf. Unter den Knuten von Propagandaministern werden alle Medien gleichgeschaltet, und Zensur lässt natürlich keine abweichende Meinung zu. Die Bevölkerung wird mit zweifelhaften Daten versorgt. Nicht passende Studien, Statistiken oder Prognosen werden ignoriert oder deren Autoren diffamiert.

Die abhängigen, ausgesuchten Wissenschaftler – „Experten" – bestätigen die Richtigkeit jeder Berichterstattung und die Sinnhaftigkeit der getroffenen Maßnahmen.

Dann kommt die Judikatur an die Reihe. Es wurden und werden immer eigene Gesetze erlassen, um Handlungen einen scheinbar rechtmäßigen Anstrich zu geben, wie zum Beispiel die Nürnberger Gesetze, das Gesetz zum Schutz des Volkes oder jetzige Verordnungen, die die Grundgesetze – „natürlich nur zeitweise" – außer Kraft setzen.

Zuletzt ist die Exekutive am Zug. Sie muss natürlich die Abtrünnigen zur Vernunft bringen, zuerst mit Präsenz, dann mit Strafen und schließlich mit Einsperren.

Die staatlichen Gerichte verurteilen diese „Staatsfeinde" – heute noch nicht zum Tode –, aber man könnte die Todesstrafe vielleicht wieder einführen!!??

Vor kurzer Zeit fuhr ich mit meiner Frau von Budweis zurück nach Hause. An der österreichischen Grenze staute es sich. Wir warteten und standen neben einer Gedenktafel zur Erinnerung an den Fall des Eisernen Vorhangs 1989. Der Polizist kontrollierte unsere Ausweise, Zulassung und Führerschein. Er fragte: „Wo waren Sie und was haben Sie dort gemacht?"

Erinnerungen meiner Frau an die unwürdigen Kontrollen an der tschechischen Grenze vor dem Fall wurden wach, und sie fühlte sich wieder unwohl.

Jetzt war die tschechische Grenze frei für alle, die österreichische bewacht.

Wie sich die Zeiten ändern!

Als ich aus dem „Arbeiterparadies" in eine Demokratie flüchtete, wusste ich vom österreichischen Rechtssystem wenig. Der Hauptgrund, warum meine Wahl auf Österreich gefallen war, war die Neutralität.

Mein Demokratieverständnis war und ist auch noch immer, dass man eine Wahl zwischen mindestens zwei Optionen haben muss.

Die ersten Zweifel an der österreichischen Art der Demokratie kamen bei mir auf, als ich erfahren hatte, dass ich ein Konto bei einer Bank haben müsse, ohne Konto keine Arbeit. Damals behaupteten die Banken, sie würden auf mein Geld kostenlos aufpassen.

Die nächste Überraschung war, als ich feststellte, dass ich automatisch Mitglied der Arbeiterkammer war und den Pflichtbeitrag zahlen müsse. Austritt sei nicht möglich.

Wir kauften uns ein TV-Gerät. Laut Gesetz mussten wir eine Zwangsabgabe zahlen, egal ob wir das nicht besonders anspruchsvolle Angebot des ORF nutzten oder andere Programme bevorzugten.

In der digitalen Zeit wäre eine Überprüfung durch Zugangskarten zwar möglich, aber die undemokratische Zwangsabgabe ist geblieben.

Das Bankgeheimnis ist auch weg, natürlich nur zu meinem Schutz gegen Geldwäsche.

Die Rasterfahndung wurde eingeführt, wieder nur zu meinem Schutz gegen Terroristen.

Mein Wertkarten-Smartphone musste ich registrieren lassen – auch nur zu meinem Schutz!

Und dann kam Corona und alles wurde noch „besser"!

Das waren Zeiten, als die Grundgesetze noch Gültigkeit hatten!

Staatsgrundgesetz über die allgemeinen Rechte der Staatsbürger

- Gleichheitsrecht: „Vor dem Gesetze sind alle Staatsbürger gleich."
- Das Gesetz besagt, dass es vor jedem gleich anzuwenden sei, also dass *jede* Person, unabhängig von Stand, Klasse, Geschlecht, Bekenntnis etc. dem Gesetz unterstehe.

... also alle sind gleich!
Fußballer dürfen ohne Maske, ohne Abstand spielen, Wiener Philharmoniker dürfen ohne Abstand musizieren, Frau Netrebko spricht in Interviews nur Englisch (wie ist sie durch die Staatsbürgerschaftsprüfung gekommen?), darf singen ohne Maske und ohne Abstand usw., aber sonst sind wir alle gleich!

- Freizügigkeit der Person.
- Die internationale Freizügigkeit berechtigt zur grenzüberschreitenden Bewegungsfreiheit.

Es dürfen zwar LKW mit allen Gütern die Schengengrenzen passieren, Berufspendler und Pflegekräfte mit unsicheren Tests pendeln, aber das normale Volk soll gefälligst daheim sitzen bleiben.

- Unverletzlichkeit des Eigentums

Wenn die Folgen der Spendierfreudigkeit sichtbar werden und die Kassen leer sind, wird das unser Finanzminister, das Mathematikgenie, sicher anpassen.

- Aufenthaltsfreiheit und freie Wahl des Wohnsitzes

Die Schifahrer dürfen nach Cortina und dort wohnen. Andere werden an den Grenzen kontrolliert, aber sonst sind wir alle gleich!

- Erwerbs(ausübungs-)freiheit

Gilt nur für Politiker, Polizisten, Journalisten und Experten, nicht für Wirte, Hoteliers, Künstler und ähnliches Gesindel!

- Unverletzlichkeit des Hausrechts einschließlich Schutz vor willkürlicher Hausdurchsuchung

Das wird bald geändert, der Innenminister steht schon in den Startlöchern.

- Schutz des Briefgeheimnisses

Nur wegen Terroristen wird hineingeschaut, rechtschaffende Bürger haben nichts zu befürchten.

- Petitionsrecht

Ihr könnt so viele Volksbegehren initiieren, wie ihr wollt, WIR haben das Sagen.

- Versammlungsfreiheit

Nur die, die für die Regierung demonstrieren, dürfen sich versammeln. Die sind alle geimpft.

- Meinungsäußerungsfreiheit

Demokratie ist, wenn man sagen kann, was man denkt. Man darf nur nicht denken.

- Pressefreiheit

Durch die großzügige Presseförderung darf die Presse frei berichten, was die Geldgeber bestimmen.

- Religionsfreiheit: Glaubensfreiheit

Nur die Religion der Regierung ist eine staatlich anerkannte Religion!

- Gewissensfreiheit

Gewissen? Was ist das?

- Freiheit der Wissenschaft

Die vom Staat bezahlten Wissenschaftler sollten auch die staatlichen Meinungen mit egal welchem „wissenschaftlichen Background" untermauern. Diese Kollegen sollen Herrn Professor Ioannidis bitte widerlegen. Der kennt sich ohnehin nicht aus.

- Unterrichtsfreiheit

Diesen Blödsinn bitte gleich abschaffen, Bildung hat keine Lobby.

- Kunstfreiheit

Das Gleiche gilt für diesen „Abschaum". Künstler und Studenten sind sowieso nur Aufwiegler.

Vertrag von Saint-Germain

Der Vertrag vom 10. September 1919 regelte die Bedingungen für eine Schaffung der Republik und ist als Völkerrecht bis heute verbindlich.

- Recht auf Leben

Aber nur mit Maske und Abstand. Oder war Anstand gemeint?

- Recht auf Freiheit

„Freiheit ist die Freiheit der Andersdenkenden." (Rosa Luxemburg).

- Gleichheitsrechte und Diskriminierungsverbot für alle Einwohner Österreichs, insbesondere für Angehörige aller Minderheiten

Jetzt haben sie endlich die Tafeln, also was soll's!

- Sprachfreiheit

Wessen Brot du isst, dessen Meinung du sprichst!

Konvention zum Schutze der Menschenrechte und Grundfreiheiten

Trat in Österreich am 3. September 1958 in Kraft. Als völkerrechtlicher Vertrag wurde sie generell transformiert und ist als self-executing unmittelbar anwendbar. Die neu eingeführten Grundrechte sind:

- Verbot der Folter

Die Auftritte der Regierungsmitglieder sind eindeutig eine Folter!

- Keine Strafe ohne Gesetz

Innenminister: „Das Gesetz bin ich!"

- Recht auf Achtung des Privat- und Familienlebens

Bleibt daheim, dann habt ihr alle Rechte!

- Gedankenfreiheit

Die Gedanken sind frei, aber bleibt nur bei den Gedanken!

- Recht auf Sicherheit

Karl der Große wird's schon richten!

- Recht auf eine wirksame Beschwerde

Beschwerden bitte an das Salzamt richten!

- Gleichheitsrechte und Diskriminierungsverbot für alle Menschen

Bis auf Politiker, Fußballer, Schifahrer und ein paar andere Ausnahmen sind wir alle gleich! Manche sind ein wenig GLEICHER!

Erklärung:
Ich erkläre hiermit, dass alles auf meinem Mist gewachsen ist und dass ich nichts abgeschrieben habe. Es handelt sich um eine Geschichte aus meinem Leben.

Quellen:
Wikipedia, Internet, diverse Tageszeitungen

Der Autor

Jan Loucka wird 1952 im tschechoslowakischen Usti nad Labem geboren. Er studiert Maschinenbau und arbeitet als Konstrukteur und Techniker. Als er 28 Jahre alt ist, flüchtet er nach Österreich. Dort fängt er in einer Industrieofenbau-Firma an, später wird er Lehrer für CAD (computerunterstützte Konstruktion).

Jan Loucka ist verheiratet und hat zwei erwachsene Kinder. Er liebt es, zum Meeresfischen nach Norwegen zu reisen. Zu Hause widmet er sich gerne dem 3D-Druck.

novum VERLAG FÜR NEUAUTOREN

Der Verlag

„ *Wer aufhört besser zu werden, hat aufgehört gut zu sein!*

Basierend auf diesem Motto ist es dem novum Verlag ein Anliegen neue Manuskripte aufzuspüren, zu veröffentlichen und deren Autoren langfristig zu fördern. Mittlerweile gilt der 1997 gegründete und mehrfach prämierte Verlag als Spezialist für Neuautoren in Deutschland, Österreich und der Schweiz.

Für jedes neue Manuskript wird innerhalb weniger Wochen eine kostenfreie, unverbindliche Lektorats-Prüfung erstellt.

Weitere Informationen zum Verlag und seinen Büchern finden Sie im Internet unter:

w w w . n o v u m v e r l a g . c o m